W0105064

64 Seiten gegen Angst

Sigrid Engelbrecht

64 Seiten
gegen
Angst

Die kleine Sofort-Hilfe

KREUZ

Inhalt

Einleitung

Werden Sie häufiger von Angst geplagt? Von Ängsten, die plötzlich auftauchen und dann Ihr Denken und Fühlen ganz in Beschlag nehmen?

Jeder Mensch kennt Angstgefühle. Angst zu haben ist nicht nur normal, sondern auch gesund, denn Angstreaktionen warnen uns schnell und zuverlässig, wenn uns eine Gefahr droht – viel schneller, als wir in der Lage sind, überhaupt einen Gedanken zu fassen. Das ist gut so, denn bei Gefahr gilt es, nicht lang zu überlegen, sondern blitzschnell zu reagieren und uns in Sicherheit zu bringen. Dazu läuft unser Körper ohne unser Zutun binnen Sekundenbruchteilen zur Höchstform auf.
Doch was tun, wenn massive Alarmreaktionen auch in Situationen auftreten, wo uns keine unmittelbare echte Gefahr droht, im Fahrstuhl etwa oder inmitten einer größeren Menschenmenge? Oder dann, wenn wir unser Denkvermögen dringend brauchen, wie bei einer bevorstehenden Prüfung oder einer Präsentation vor Kunden oder Kollegen?

Dann brauchen wir geeignete Strategien, unsere Angst in den Griff zu kriegen, statt uns von ihr blockieren zu lassen. Damit es uns gut geht und wir unsere Aufgaben gut bewältigen können.

Auf den folgenden Seiten erhalten Sie Anregungen, wie Sie mit Ängsten umgehen und wie Sie sie auch abbauen können.

Sie können Ihre Ängste in den Griff bekommen!

1.

1. Die Vielfalt unserer Alltagsängste

Angst ist eine unserer zentralen Antriebskräfte. Ohne Angst hätten wir keinen Ehrgeiz, keine Disziplin und auch kein Pflichtbewusstsein. Wem es völlig egal ist, was ein anderer von ihm denkt, der fühlt sich wenig bemüßigt, sich in das soziale Miteinander einzufügen.

HÄUFIGE ALLTAGSÄNGSTE

Vieles von dem, was wir tun, hat mit unterschwelligen Ängsten zu tun:

⚠️ Angst, Anforderungen nicht zu genügen

⚠️ Angst, zurückgewiesen, geringschätzig betrachtet oder ausgelacht zu werden

⚠️ Angst, einen Fehler zu machen

⚠️ Angst um den Job

⚠️ Angst davor, krank oder hilfsbedürftig zu werden

⚠️ Angst vor einer ungewissen Zukunft

Die meisten unserer Entscheidungen werden mehr von Angst beeinflusst als von Begeisterung, Liebe oder Freude am Tun – direkt oder indirekt. Das muss uns nicht bekümmern, denn Angst hat ja durchaus positive Seiten: Sie mahnt uns zur Vorsicht, wenn wir eine Situation nicht überblicken, sie lässt uns Risiken erkennen und abwehren und sie unterstützt uns dabei, Vorsorge für schlechte Zeiten zu treffen.

Allzu viel ist ungesund.

Während beispielsweise ein gewisses Maß an Versagensangst dazu motivieren kann, uns besonders intensiv auf eine Prüfung vorzubereiten, kann ein Übermaß an Angst uns so lähmen, dass wir unfähig sind, uns überhaupt auf ein Lehrbuch zu konzentrieren.

Angst wird auch dann zum Problem, wenn sie einseitig unser Denken und Handeln steuert. Dann werden wir übervorsichtig, wittern auch da Gefahren, wo gar keine sind, und scheuen jegliches Risiko. Dann wirkt Angst nicht mehr motivierend, sondern belastend und schränkt unsere Lebendigkeit stark ein. Angst kann uns dann daran hindern, zu tun, was wir eigentlich tun wollen.

Aus Angst verharren wir dann beispielsweise in einem Job, der uns nicht befriedigt und uns keine Entwicklungsmöglichkeit bietet, wagen es nicht, Ansinnen von anderen abzulehnen oder offen unsere Meinung zu sagen. Dies macht uns unzufrieden mit uns selbst und vermittelt uns ein Gefühl von Hilflosigkeit. Wir würden ja gern, aber trauen uns nicht.

SPURENSUCHE: WELCHE ÄNGSTE BLOCKIEREN SIE?

Machen Sie sich einmal Gedanken um folgende Frage: Wie würde Ihr Leben in einem Jahr aussehen, wenn

❓ Sie keine Angst davor hätten, Fehler zu machen?

❓ Sie keine Angst davor hätten, kritisiert oder abgelehnt zu werden?

❓ Sie keine Angst davor hätten, sich zu blamieren?

❓ Sie keine Angst davor hätten, dass jemand sich über Sie ärgern könnte?

❓ Sie keine Angst davor hätten, dass manche Situationen unangenehm oder anstrengend werden könnten?

❓ Sie keine Angst vor Problemen oder Konflikten hätten?

❓ Sie keine Angst vor dem Scheitern hätten?

Was würden Sie alles tun können, was Sie heute für sich nicht in Betracht ziehen? – In der einen oder anderen Hinsicht würden Sie wahrscheinlich andere Entscheidungen treffen und anders handeln als heute.

Überlegen Sie anschließend: Welche Ängste müssten Sie abbauen, um mehr von dem zu bekommen, was Sie sich wünschen?

Wo würden Sie in einem Jahr stehen, wenn Sie hemmende Ängste häufiger überwinden könnten? Wenn es gelänge, das heftige Herzklopfen, das Zittern der Hände und das flaue Gefühl in der Magengrube öfter mal auszuhalten und trotzdem zu handeln?

2.

2. Wie der Körper Alarm gibt und was wieder Ruhe schafft

Ein Übermaß an Angst blockiert nicht nur, sondern bedeutet auch Schwerarbeit für unseren Körper. Angst ruft – mehr oder weniger ausgeprägt – unmittelbar jene körperlichen Reaktionen hervor, die uns seit Urzeiten bereit machen zu kämpfen oder zu fliehen. Wenn wir Angst empfinden, schaltet unser Körper auf eine Art Notfallmodus um, der rasches Reagieren ermöglicht. Dieses Notfallprogramm hat bereits vor zigtausend Jahren im Sinne des Überlebens gute und zuverlässige Dienste geleistet.

UNSER KÖRPER IM NOTFALLMODUS

Einige der Veränderungen nehmen wir unmittelbar wahr und erleben sie zumeist als unangenehm:

❗ Das Herz schlägt schneller.

❗ Der Mund wird trocken.

❗ Wir werden nervös und unruhig, regelrecht „zappelig", weil die Stresshormone Adrenalin, Noradrenalin und Kortisol hoch dosiert ins Blut gelangen.

❗ Die Hände zittern.

❗ Wir atmen schneller als sonst.

❗ Uns wird heiß, Schweiß bricht aus.

❗ Denk- und Erinnerungsvermögen werden zugunsten der schnellen körperlichen Reaktionsfähigkeit blockiert.

Andere Reaktionen nehmen wir in der Situation nicht direkt wahr, sie spielen sich sozusagen ganz im Hintergrund ab:

❗ Der Blutdruck steigt

❗ Der Cholesterinspiegel und auch der Blutzuckerspiegel steigen an.

❗ Der Körper verbrennt vermehrt Energie aus Zucker und Fettreserven.

❗ Der Stoffwechsel beschleunigt sich.

⚠ Es fließt mehr Blut in die Muskeln, während die Blutgefäße im Körper sich verengen.

⚠ Der Körper produziert vermehrt Blutgerinnungsstoffe, damit eine mögliche Verletzung rascher verschlossen werden könnte.

⚠ Hungergefühle gehen zurück, auch die Verdauung verlangsamt sich.

⚠ Sexuelle Lust schwindet.

Alarm-Reaktionen dauern oft nur Bruchteile von Sekunden lang an, manchmal aber auch länger. Es sind unwillkürliche Reaktionen unseres vegetativen Nervensystems, eben um den Körper fit für Kampf oder Flucht zu machen. Fatalerweise treten diese Symptome aber auch dann auf, wenn gar keine wirkliche Gefahr besteht, sondern wir uns nur vorstellen, dass etwas Schlimmes passieren könnte.

Unser Gehirn reagiert auf die Vorstellung von einer Gefahr ganz genauso wie auf eine reale Bedrohungssituation.

Völlige Freiheit von Angst erreichen zu wollen ist eine Illusion. Die Notfallreaktionen lassen sich nicht durch den Einsatz von Willenskraft verhindern oder ausschalten. Doch es ist viel gewonnen, wenn es uns gelingt, in einer Situation, die uns Angst macht, die Handlungsfähigkeit zurückzugewinnen.

FÜNF HEBEL, DIE WIR ANSETZEN KÖNNEN, UM DIE ANGST IN DEN GRIFF ZU BEKOMMEN:

◗ *Als Erstes: die Angst entdämonisieren.* Es ist völlig normal, hin und wieder Angst zu haben – schädlich ist nur, wenn sie uns beherrscht und unser Denken und Tun einseitig steuert. Wir können uns zu unserer Angst bekennen, sie wahrnehmen und akzeptieren. Mag sie uns auch im Moment völlig unangemessen erscheinen – egal. Fakt ist, dass sie da ist und wir ihre Auswirkungen spüren. Es ist, wie es ist. Angst ist normal.

◗ *Als Zweites: durch körperlichen Einsatz unsere innere Balance wiederfinden.* Wir können die physischen Auswirkungen der Angstreaktion abbauen, indem wir unseren Körper aktivieren: Rasches Gehen, Laufen, Tanzen oder Springen in die Luft helfen dabei, den physischen Alarmzustand wieder zurückzufahren. Dies unterstützt uns auch, bald wieder klare Gedanken zu fassen, statt unser Denken weiter von den angstspezifischen Hormonausschüttungen blockieren zu lassen.

◗ *Als Drittes: überlegen, was hilfreich sein könnte,* um die beängstigende Situation zu entschärfen und zu einem guten Ende führen. Sei es, ein Referat vor Publikum zu halten, sei es, eine abweichende Meinung standhaft zu vertreten, sei es, eine Prüfung zu bestehen – immer sind es bestimmte Schritte, die erforderlich sind, um zu den Lösungen zu kommen, die wir anstreben. Wenn wir uns überlegen, was wir konkret tun können und was der erste, zweite, dritte Schritt ist, sehen wir wieder klar und die Angstgefühle treten in den Hintergrund.

◗ *Als Viertes können wir trainieren, mutiger zu werden.* Mut ist nicht die Abwesenheit von Angst. Mutig sein heißt vielmehr, dass uns etwas wichtiger ist als die Angst, sodass wir trotz der Angst handeln.
Wenn wir das, was uns Angst macht, immer wieder vermeiden, wird es in unserer Wahrnehmung größer und größer und wir trauen uns gleichzeitig immer weniger zu. Wenn wir hingegen üben, solche Situationen in den Griff zu bekommen, lösen sie mit der Zeit immer weniger Angst aus.
Beim ersten Referat vor Publikum sind wir vorher vielleicht völlig durch den Wind – beim fünfzehnten dieser Art haben wir Routine und spüren nur noch ein wenig Herzklopfen.

❱ Als Fünftes: spezielle Entspannungstechniken lernen. Es gibt zahlreiche Übungen, die uns helfen, in einer Situation großer Anspannung wieder zur Ruhe zu kommen. So kommen wir wieder zu klarem Denken und einem Gefühl von Sicherheit.

Es geht also nicht darum, die Angst auszuschalten, sondern sie als Motor für unsere Weiterentwicklung zu nutzen.

Sie können Ihre Angst für sich nutzen!

Denken Sie an die Heldinnen und Helden in den alten Geschichten und Legenden aller Kulturen: Sie mussten viele, viele Mutproben bestehen, um an ihr Ziel zu kommen.

3.

3. In Lösungen denken

Wenn wir Angst verspüren, steht sie meist völlig im Zentrum unserer Wahrnehmung. Das bewirken schon die eindrucksvollen körperlichen Reaktionen: Herzklopfen, Schweißausbrüche, innere Unruhe usw. Doch vielfach steigern wir die Angstsymptome weiter durch entsprechende Gedanken, wie beispielsweise: Ist das überhaupt zu schaffen? Und was kann alles Schreckliches passieren, wenn ich es nicht hinkriege? Wie stehe ich da, wenn es schlecht für mich ausgeht?

Mittels unserer Fantasie schaffen wir dann ein Szenario von Horrorbildern: bei der Prüfung durchgefallen, alle lachen über mich, ich schleiche davon, gedemütigt, allein, dem Boden gleich, kann mich nirgendwo mehr sehen lassen. Alles verbaut, alles dahin.

Und dann brechen wir die Fantasie ab, weil sie allzu schrecklich ist, versuchen uns abzulenken, irgendwie zu beruhigen – doch unerbittlich scheint sie sich immer wieder ins Bewusstsein zu drängen und der innere Schreckensfilm beginnt von vorne. Und wieder Abbruch. Und wieder alles von vorne. Das ist quälend. Doch nützt es etwas? – Nein.

Die Zeit, die wir mit dem Hin- und Herwälzen der großen Katastrophe verbringen, wäre also besser angelegt in dem Bestreben, dem Schlimmen, was passieren könnte, die Spitze abzubrechen. Doch solange wir so intensiv mit unseren Ängsten beschäftigt sind und damit, sie immer wieder abzuwehren, hat kein anderer Gedanke daneben Platz. Während der Körper durch unsere Fantasien unter Hochspannung steht, fühlen wir uns immer hilfloser diesem Geschehen ausgesetzt.

Wenn Sie viel Fantasie für Katastrophen-szenarien haben, können Sie sie auch für Lösungsszenarien einsetzen.

Statt unsere Fantasie immer wieder auf mögliche Katastrophen zu lenken, können wir sie auch dafür einsetzen, die Angst zu überwinden und wieder handlungsfähig zu werden: Lösungen zu finden für das, was uns ängstigt. Verharren wir also nicht im Warten, sondern handeln wir!

Nutzen Sie in der Angstsituation die zentralen Fragen, die zu Lösungen und zum Handeln führen. Beantworten Sie sich die Fragen schriftlich:

❓ Was will ich erreichen? Was ist mein Ziel?

Ohne Bedenken, ruhig, ins Internet surfen, am PC arbeiten

gelassener Umgang mit PC / Internet

❓ Wie bewältige ich das, wovor ich Angst habe? Welche Möglichkeiten gibt es, vorbeugend tätig zu werden?

- *es funktioniert schon 1½ Jahre → ruhig bleiben*
- *Hilfe bei Felix, Josef, Jambo - Lösung ist immer da*
- *angebliche "Unregelmäßigkeiten" sind ganz normal*
- *ich kann nichts kaputt machen*

❓ Für welche entscheide ich mich?

❓ Wer oder was kann mir dabei helfen, aktiv zu werden?

Wenn wir uns auf Lösungen konzentrieren, geht es nicht um Perfektion. Es geht nur darum, Wege zu finden, so gut, wie es uns möglich ist, mit dem, was uns da herausfordert, fertig zu werden. Die Entscheidung ist das Eigentliche, denn sie lenkt unsere Kraft in Richtung Lösung.

Wenn wir uns darin verlieren, immer weiter nach einer noch besseren Lösung zu suchen, erlahmt irgendwann die Kraft zur Umsetzung. Die Luft ist raus und die Angst kehrt zurück.

Lösungen müssen nicht perfekt sein, sondern realisierbar und zufriedenstellend.

Hilfreich dabei, sich für einen Lösungsweg zu entscheiden und zum Handeln zu kommen, ist, sich deutlich die grundsätzlichen Alternativen vor Augen zu führen.

WÄGEN SIE SCHRIFTLICH DIE ALTERNATIVEN AB:

➦ Wenn ich mein Ziel trotz meiner Ängste weiterverfolge, dann hat das folgende Vorteile für mich:

innere Gelassenheit

mehr Freude am Leben

mehr Energie für Nützliches

mehr Konzentration auf das, was mir Spaß macht

➦ Wenn ich meinen Ängsten folge und nicht handle, dann hat das folgende Konsequenzen für mich:

Freudlosigkeit, innere Anspannung, Trägheit, Selbstverachtung

Das Abwägen der grundlegenden Alternativen macht uns bewusst, worum es uns eigentlich geht. Das kann uns motivieren, auch die unangenehmen Begleiterscheinungen der Angst in Kauf zu nehmen, um das zu erreichen, was wir erreichen wollen.

4.

4. Nur Mut! Die Angst, sich zu zeigen

Etwa vierzig Prozent aller Menschen werden Statistiken zufolge von Rede-Angst oder Lampenfieber vor Prüfungen geplagt.

Die Angst davor, vor einer Gruppe von Menschen zu sprechen, und die Angst davor, eine Prüfung nicht zu bestehen, gehören zu den häufigsten Ängsten überhaupt. Wir stehen damit also nicht alleine da, sondern sind in bester Gesellschaft.

„Angst bedeutet, sich lebhaft vorzustellen, dass genau die Dinge passieren, die man nicht haben will."

Chris und Janet B. Attwood

Von unserer Angst gesteuert malen wir uns vor Prüfungen oder öffentlichen Auftritten oft genau das in den schillerndsten Farben aus, was wir am meisten fürchten. Wenn wir Rede-Angst haben, stellen wir uns vor, wie wir in einem Vortrag stecken bleiben und völlig blank dastehen. Wir drehen einen inneren Film darüber, wie das Publikum sich darüber amüsiert und wir mit hochrotem Kopf das Rednerpult verlassen.

Dabei ist sicher: Wir können das, was wir fürchten, keinesfalls dadurch verhindern, dass wir es uns immer wieder detailliert ausmalen. Eher ist das Gegenteil der Fall: Durch die mit den Katastrophenfantasien aufwallenden Angstgefühle erhöhen wir fatalerweise die Wahrscheinlichkeit, tatsächlich im wichtigsten Moment einen Black-out zu haben, sodass sicheres Wissen plötzlich nicht mehr zugänglich ist. Wir haben uns sozusagen entsprechend „programmiert".

Wir können die Fähigkeit, uns innere Bilder zu machen, anders zu nutzen. Wir können sie dafür einzusetzen, unsere Ängste besser in den Griff zu bekommen.

DAS INNERE SZENARIO VERÄNDERN

Statt sich Pech und Pannen vorzustellen, sehen Sie sich doch vor Ihrem inneren Auge einmal ganz anders:

Drehen Sie einen inneren Film davon, wie Sie Ihr Referat, Ihre Rede oder Ihren Vortrag erfolgreich halten, wie Sie Ihr Thema souverän präsentieren und ganz locker auf die Fragen aus dem Publikum antworten. Oder wie Sie in der Prüfung sitzen und das in Ihrem Kopf gespeicherte Wissen sicher abrufen, Zug um Zug.

Rufen Sie sich dazu auch Beispiele aus der Vergangenheit in Erinnerung, wo das schon gut geklappt hat. Vorträge, die eine gute Resonanz beim Publikum hatten, bestandene Prüfungen – Situationen, wo Sie sich als jemanden erlebt haben, der trotz allen Lampenfiebers und aller Versagensängste seinen Weg gegangen ist. Das gibt Ihnen Selbstvertrauen und Zuversicht.

Wenn wir Angst davor haben, bei einer Prüfung oder einem öffentlichen Auftritt zu versagen, warnt der innere Alarm uns davor, möglicherweise mit der Situation nicht zurechtzukommen. Diese Angst wahrzunehmen und sie uns zuzugestehen ist durchaus sinnvoll, denn wir können sie dazu nutzen, uns im Vorfeld zu überlegen, wie wir das, was wir befürchten, abwenden können.

DIE ANGST ALS RATGEBER NUTZEN

Nehmen Sie Ihre Katastrophenfantasien in die Zange und nutzen Sie sie als Ausgangspunkt zur Veränderung Ihrer Gefühle:

❓ Wovor fürchte ich mich genau? Nehmen Sie sich ausreichend Papier, schreiben Sie Ihre Katastrophenfantasie auf, notieren Sie alle Details, die Ihnen im Kopf herumspuken.

❓ Wie hoch schätze ich die Wahrscheinlichkeit ein, dass das eintritt?

- *gar nicht = 0 Prozent*
- *tritt auf jeden Fall ein = 100 Prozent*

❓ Was kann ich alles tun, um es 10 Prozent weniger wahrscheinlich zu machen, dass genau das eintritt, was ich befürchte? Was muss ich wissen, was muss ich können?

❓ Was kann ich tun, um es 20 Prozent weniger wahrscheinlich zu machen?

Ein wichtiger Baustein dafür, die Angst einzudämmen und mehr Sicherheit zu gewinnen, ist es, in der betreffenden Sache möglichst fit zu sein.

VERGEWISSERN SIE SICH IHRER KOMPETENZ

❓ Wie gut bin ich vorbereitet? ⚪ gut ⚪ mittel ⚪ schlecht

❓ Was sind die Lücken, die Unsicherheit hervorrufen? Benennen Sie diese bitte möglichst genau!

❓ Was kann ich konkret dafür tun, um noch besser vorbereitet zu sein?

❓ Was brauche ich dazu? (Informationen, Rede oder Vortrag probeweiser vor dem Spiegel halten, Unterstützung durch andere etc.)

❓ Wie kann ich mir das, was mir noch fehlt, Schritt für Schritt aneignen?
Machen Sie bitte einen konkreten und realistischen Plan:

1.

2.

3.

❓ Was könnten mögliche Stolperfallen im Vortrag oder bei der Präsentation sein?
(Fragen, Einwände etc.)

❓ Wie kann ich darauf reagieren? Welche Möglichkeiten habe ich?

Wenn wir uns unsere Kompetenzen und Chancen vergegenwärtigt haben, fällt uns die Vorbereitung und die positive Visualisierung der Situation viel leichter. Die Angst tritt in den Hintergrund und wir erleben uns selbst als tatkräftig und zielorientiert. Wir gewinnen zunehmend den Eindruck, genügend zu wissen und zu können, und sind optimistisch.

Ist die Stunde der Wahrheit dann aber da und fühlen wir uns „live" von zehn, zwanzig oder hundert Augenpaaren neugierig gemustert, dann rutscht das Herz wieder in die Hose. Doch auch hier lässt sich einiges unternehmen, um die Situation für uns trotz Angst erträglicher zu machen.

UNMITTELBAR VORHER: ANSPANNUNG ABBAUEN

Während Sie auf Ihren Auftritt warten, können Sie Folgendes tun, um ein Übermaß an Anspannung abzubauen:

→ *Spannen Sie im Sitzen Ihre Bauchmuskeln an* und atmen Sie dann mit leicht ge-öffnetem Mund auf ein leises „SSSS" aus, so lange, bis Sie sich ganz leer fühlen. Lassen Sie den Atem wieder einströmen und wiederholen Sie dies einige Male. Das macht den Kopf wieder klar und stärkt die Konzentration.

→ *Sagen Sie sich selbst so etwas wie:* „Ich habe mich gut vorbereitet, ich zeige, was ich kann, und lasse den Rest auf mich zukommen."

→ *Achten Sie, wenn Sie den Vortrags- oder Prüfungsraum betreten,* auf Ihre Haltung. Sacken Sie sich nicht in sich zusammen, sondern bewegen Sie sich so, wie Sie es auch das letzte Mal in einer Situation getan haben, die gut für Sie gelaufen ist. Wenn Sie mit Ihrem Körper Selbstsicherheit und Vertrauen zeigen, dann wirkt sich diese äußere Haltung auch auf Ihre innere Haltung aus: Sie fühlen sich der Lage besser gewachsen.

Rede-Angst und Lampenfieber haben viel mit der Sorge um die eigene Wirkung zu tun. „Werde ich gut genug sein?" „Werde ich ankommen?" „Wirke ich sympathisch, kompetent und klug genug?" Setzen Sie sich nicht selbst mit dem Anspruch unter Druck, als makellos professionell, absolut fehlerfrei oder besonders witzig wahrgenommen zu werden.

Ist es dann so weit und Sie stehen vor Ihrem Publikum, dann ist es nicht der Weltuntergang, wenn Sie mal den Faden verlieren, husten müssen oder sich versprechen. Niemand lauert darauf, Sie bei einer Unzulänglichkeit zu ertappen.

Hier geht es nicht um Räuspern oder Versprecher! Ihre Zuhörer wollen etwas von Ihnen erfahren, was ihnen einen Nutzen bringt.

Sagen Sie sich, dass es gar nicht um Sie als Person geht, sondern um das Thema, das, weswegen Sie da sind. Ihre Rolle ist die, den Zuhörenden Informationen zu übermitteln. Nur das ist wichtig.

Ihr Publikum ist nicht Ihr Feind.

Es sind Menschen, die Ihnen wohlwollend oder neutral gegenüberstehen und hören wollen, was Sie zu sagen haben. Um mehr geht es nicht.

5.

5. Mit Ungewissheiten leben

Mit dem, was uns vertraut ist, haben wir gelernt umzugehen. Ungewohntes hingegen lässt uns stutzen. Womit haben wir es zu tun? Was bedeutet es? Ist es harmlos oder bedrohlich? Müssen wir uns schützen?

Unser automatischer, blitzschneller Orientierungsreflex setzt ein. Neues muss sofort geprüft werden, damit wir wissen, welche möglichen Gefahren oder Unannehmlichkeiten lauern könnten.

SCHNELLE ORIENTIERUNG BEI VERÄNDERUNG

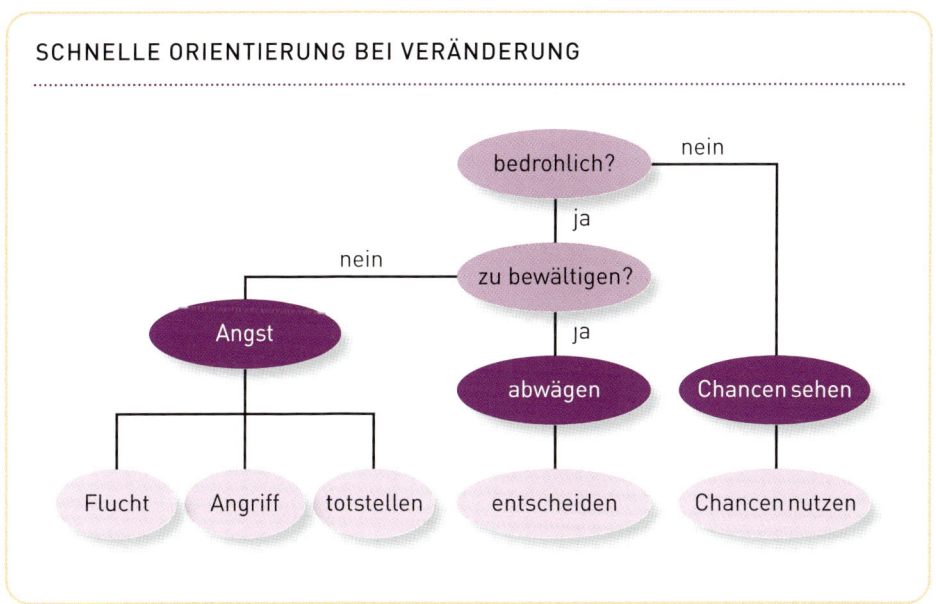

Stellt sich das Ungewohnte als nicht bedrohlich heraus, sind wir beruhigt und schauen es uns näher an, prüfen es dahingehend, ob es eine Chance sein und uns etwas nutzen könnte.

Vermuten wir dagegen eine Bedrohung, folgt unmittelbar eine zweite Sondierung: „Bin ich dem gewachsen?"
Wenn wir uns zutrauen, mit der Situation umgehen zu können, wägen wir ab und greifen zu einer aussichtsreichen Strategie, um dem Bedrohlichen zu begegnen. Wenn unser Gehirn jedoch im Bruchteil einer Sekunde entscheidet, dass Gefahr droht, und wir keine Ahnung haben, was wir jetzt tun sollen, setzt sofort die Angst ein – mit all ihren körperlichen Begleiterscheinungen.

Unsere Vorsicht oder Skepsis in Bezug auf Veränderungen ist völlig natürlich, denn sie gehört zu unserem internen Überlebensprogramm und hilft dabei, uns zu orientieren und unsere Sicherheit zu schützen.

Obwohl wir wissen, dass es *absolute* Sicherheit nicht gibt, tun wir doch unser Möglichstes, stets auf der *sichereren* Seite zu sein.

Die Kunst ist, uns von unseren Beharrungsimpulsen nicht beherrschen zu lassen. Sonst hindert uns ein überzogenes Sicherheitsbedürfnis daran, uns weiterzuentwickeln. Dann scheuen wir davor zurück, die Dinge zu tun, die wir gerne tun würden – einfach deswegen, weil wir uns damit vielleicht auf unbekanntes Terrain vorwagen würden und wir uns das nicht zutrauen. Weiß der Himmel, was uns dabei alles zustoßen könnte …

Die gute Nachricht ist: Wenn wir unsere Scheu vor Veränderungen bezwingen und die Dinge anpacken, die uns Unbehagen bereiten, wachsen wir daran.

Durch jede angenommene Herausforderung werden bisherige Grenzen überschritten und wir gehen gestärkt daraus hervor. Das, was wir daran lernen, geht in das Repertoire des Gewohnten über und macht schließlich keine Angst mehr.

Gewohntes macht keine Angst

ES GIBT ZWEI ARTEN VON VERÄNDERUNGEN

- diejenigen, die durch Entscheidungen anderer, Naturereignisse oder Schicksalsschläge auf Sie zukommen und auf die Sie reagieren müssen;

- diejenigen, die Sie selbst initiieren, weil Sie gute Gründe dafür haben.

ANSTEHENDE VERÄNDERUNGEN

Überlegen Sie, in welchen Bereichen Ihres Lebens möglicherweise Veränderungen auf Sie zukommen könnten:

◉ in Ihrem Job

◉ in Ihrer Ehe oder Partnerschaft

◉ in Ihrer Familie

◉ hinsichtlich Ihrer Gesundheit

◉ hinsichtlich Ihrer finanziellen Absicherung

◉ in Fragen der Zukunftsplanung

◉ in anderen, Ihnen wichtigen Bereichen

Sich möglicherweise anstehende Veränderungen zu vergegenwärtigen, statt aus Angst vor der Angst einfach die Decke über den Kopf zu ziehen, gibt Ihnen Zeit, sich zu überlegen, welche eigenen Handlungsspielräume sie haben – und diese auch zu nutzen.

Ziehen Sie die Decke vom Kopf!

Wenn Sie einfach untätig abwarten, wird das Thema Sie unterschwellig weiter beschäftigen und dafür sorgen, dass immer wieder Angst aufflackert.

Nutzen Sie lieber Handlungsspielräume, solange sie da sind, statt sich irgendwann vor vollendete Tatsachen gestellt zu finden.

Einfach nur aus Angst vor der Veränderung Anzeichen dafür zu ignorieren und zu hoffen, dass alles so bleiben möge, wie es ist, hilft nicht weiter.

Machen Sie es sich zur Gewohnheit, bei zu erwartenden Veränderungen zu überlegen, wo Sie selbst aktiv etwas in Ihrem Sinne beeinflussen können – und packen Sie es an.

Betrachten Sie noch einmal Ihre Notizen aus dem ersten Kapitel und vergegenwärtigen Sie sich: Was würden Sie gerne ändern, welche Veränderungen würden Sie selbst herbeiführen – wenn da nur diese Angst nicht wäre?

Eines ist klar: Solange die Angst größer ist als der Veränderungswunsch, werden Sie auch weiterhin nicht aus der sicheren Deckung hervorkommen. Erst wenn das, was Sie erreichen wollen, schwerer wiegt als Angst und Sicherheitsbestreben, dann werden Sie sich bewegen.

Auch selbst initiierte Veränderungen können uns gehörig Angst machen, nämlich dann, wenn wir an unseren Fähigkeiten zweifeln oder wenn sich uns auf unserem Weg zum Ziel unerwartete Hindernisse in den Weg stellen.

Gegenüber Veränderungen von außen, auf die wir reagieren müssen, ob wir wollen oder nicht, haben wir bei selbst initiierten Veränderungen einen Vorteil: Wir haben ein Ziel vor Augen, eine Vorstellung, die uns lockt. Dies ist eine Schubkraft, die stark beflügeln kann – gerade auch dann, wenn die Angst aufflammt.

Die Angst ist da, weil wir nicht wissen, wie es ausgehen wird. Ob wir Erfolg haben oder scheitern werden. Hätten wir die Sicherheit, dass alles gut ausgeht, dann würden wir uns nicht fürchten. Es ist die Ungewissheit, die uns zu schaffen macht.

BEWÄLTIGTE VERÄNDERUNGEN

Führen Sie sich jetzt einmal vor Augen: Welche Veränderungen in Ihrem Leben haben Sie schon bewältigt? Bei welchen haben Sie hinterher besser dagestanden als zuvor?

Denken Sie vor allem an jene Erfolge, bei denen Sie im Vorfeld mit großen Ängsten zu kämpfen hatten und trotzdem Ihren Weg gegangen sind.

Vergegenwärtigen Sie sich auch Niederlagen. Werden Sie sich darüber klar, was Ihnen dabei geholfen hat, sie zu verkraften, und welche neuen Fähigkeiten Sie gerade durch das Scheitern gewonnen haben.

Das Nachdenken über Erfolge und Niederlagen und die Lehren, die Sie daraus jeweils gezogen haben, festigt die Gewissheit, dass Sie – egal, wie es ausgeht – nicht untergehen, sondern daran wachsen werden.

IHR ERFOLGS-JOKER

....

➡ Schreiben Sie sich einige dieser trotz heftiger Ängste errungenen Erfolge auf einen Zettel, ebenso einige Niederlagen, die Ihnen später neue Perspektiven eröffneten.

➡ Stecken Sie den Zettel in Ihr Portemonnaie.

➡ Lesen Sie ihn durch, wenn Angst vor Ungewissem Sie wieder umklammern will.

6.

6. Der Angst-Akut-Werkzeugkoffer

Wenn wir Angst haben, wirkt sich das auf allen Ebenen aus: körperlich, psychisch und mental. Indem wir immer wieder die Situation vorwegnehmen, vor der wir uns fürchten, halten wir unseren Organismus in einem Dauer-Alarmzustand. Dass uns das nicht guttut, ahnen oder wissen wir; dennoch fühlen wir uns oft dem, was wir in unserer inneren Welt inszenieren, ausgeliefert.

Um aus diesem übersteuerten Zustand herauszukommen und wieder klar denken zu können, helfen einige Strategien, die wenig Aufwand erfordern:

WECHSELN SIE DIE UMGEBUNG

Verlassen Sie den Raum, in dem Sie gerade sind, und beschäftigen Sie sich bewusst mit etwas, das nichts mit dem zu tun hat, was Sie gerade ängstigt.
Kurzfristiger Ortswechsel heißt: rausgehen, ein paar Schritte tun, beispielsweise einmal um den Block gehen. Konzentrieren Sie sich dabei auf die Umgebung. Betrachten Sie die Häuser, die Straße, den Himmel, die Bäume, alles, was sich rundum tut.

Abstandnehmen hilft Ihnen, sich zu beruhigen, den Kopf wieder klarzubekommen und aus den Gedanken, die das Karussell der Angst erzeugen, herauszufinden.

ATMEN SIE IN DIE HÄNDE

Legen Sie die Hände vor Mund und Nase und atmen Sie etwa zwei bis drei Minuten lang in Ihre gewölbten Hände, sodass Sie verbrauchte statt frische Luft einatmen – bis Sie spüren, dass Sie ruhiger werden und die Alarm-Symptome nachlassen.

STOPPEN SIE ANGST ANFEUERNDE GEDANKEN

Sagen Sie einfach STOPP und brechen Sie damit Katastrophenfantasien ab. Vereinbaren Sie mit sich selbst, Ihre Angstgedanken zu vertagen. Sagen Sie sich, dass Sie sich zu einem bestimmten Zeitpunkt wieder diesen Gedanken widmen werden. Bei Angst vor dem Zahnarzt beispielsweise dann, wenn Sie im Wartezimmer aufgerufen werden. Nicht vorher. Denn jetzt passiert ja noch gar nichts. Das, wovor Sie sich ängstigen, liegt in der Zukunft. Und nur in der Zukunft können Sie handeln, jetzt nicht.

Daher gilt jetzt STOPP. Unmittelbar, nachdem Sie STOPP gesagt haben, beschäftigen Sie sich bewusst mit anderen Dingen.

BEWEGEN SIE SICH

Agieren Sie Ihre Angst aus. Egal, wie Sie es bewirken, sorgen Sie dafür, dass Sie körperlich stark beansprucht werden. Ob Sie tanzen, laufen oder in die Luft springen: Verausgaben Sie sich! Bewegen Sie sich, bis Sie völlig außer Atem sind. Unterstützen

Sie Ihre Bewegungen durch entsprechende Gedanken. Stellen Sie sich vor, dass Sie die Angst aus sich heraustanzen, herauslaufen, herausspringen.

Danach schwitzen Sie vielleicht, fühlen sich aber entspannt und viel ruhiger.

ATMEN SIE ANSPANNUNG AUS

Diese Übung können Sie überall machen – am besten funktioniert Sie in Bewegung. Gehen Sie im Raum umher und atmen Sie vier Schritte lang aus. Stellen Sie sich dabei vor, dass Sie mit jedem Schritt Druck und Belastung ausatmen. Atmen Sie dann vier Schritte lang ein und stellen Sie sich vor, dass Sie mit jedem Schritt frische Energie schöpfen. Dann wieder vier Schritte Druck und Belastung ausatmen usw.

Wenn Sie sich gerade nicht derart bewegen können, dann zählen Sie im Sitzen bis vier, während Sie sich die Entlastung von Druck und Belastung vorstellen, und wiederum bis vier, während Sie sich dem Tanken neuer Energie widmen.

Es wirkt wie eine Reinigung. Anschließend werden Sie wesentlich ruhiger und gelassener sein.

„ERDEN" SIE SICH

Stellen Sie sich aufrecht hin, schließen Sie die Augen und stellen Sie sich vor, Sie seien ein Baum mit vielen Ästen und einem festen Stamm, dessen Wurzeln weit in die Erde ragen. Spüren Sie Ihren Atem ein- und ausfließen und spüren Sie, wie sich bei jedem Ausatmen Ihre Wurzeln tiefer und stabiler in die Erde eingraben.

Wenn Sie das Gefühl haben, tief und fest verankert zu sein, dann lösen Sie sich von dem inneren Bild.

Die gefühlte Verankerung im Boden wird noch wohltuend nachwirken.

7.

Affirmationen für jeden Tag

Eine Affirmation ist ein selbstbejahender Satz, den wir uns immer wieder selbst sagen, um unser Vertrauen in uns selbst zu stärken. Das Ziel dabei ist, innere Einstellungen, Gefühle und Verhalten nachhaltig zu verändern. Wie wir wissen, nehmen Denken, Gefühle und Verhalten ständig Einfluss aufeinander, und dies können wir nutzen, um gezielt Veränderungen herbeizuführen.

> „Das Leben eines Menschen ist das,
> was seine Gedanken daraus machen."

Marc Aurel, röm. Kaiser und Philosoph, 121–180 n. Chr.

Wenn unser Denken häufiger als bisher eine optimistische, zuversichtliche Richtung einschlägt, bleibt das nicht ohne Auswirkungen auf unser Verhalten und unsere Gefühle. Angstreaktionen des Körpers werden nicht allein durch Reize von außen hervorgerufen, sondern sehr oft durch eigene Angst erzeugende Gedanken. Indem wir unsere Gedanken verändern, können wir auch unsere Reaktionsmuster ändern. Man kann sich nicht ängstlich und gleichzeitig voller Selbstvertrauen fühlen: Das eine schließt das andere aus.

Wir können Affirmationen dazu nützen, unser Selbstvertrauen zu stärken, sodass Angstreaktionen seltener als bisher auftreten. Sie sind ein wirkungsvolles, aber mit Bedacht zu handhabendes Instrument.

Wie Sie eine Affirmation so formulieren, dass sie eine Wirkung in Ihrem Sinne entfalten kann:

➔ *Formulieren Sie bewusst positiv:* Benennen Sie das, was Sie anstreben, statt das, was Sie nicht wollen. Statt beispielsweise zu formulieren „Ich habe keine Angst", sagen Sie besser so etwas wie: „Ich schaffe das." Verwerfen Sie auf der Suche nach einer treffenden Formulierung Wörter wie „kein", „nicht" oder „ohne" und auch die Vorsilbe „un-", ebenso Sätze, die mit „Ich muss" oder „Ich sollte" beginnen.

➔ *Im Idealfall ruft Ihre Affirmation eine deutliche innere Resonanz hervor.* Sie können voll und ganz zu diesem Satz stehen, finden Ihn ermutigend und bestärkend. Affirmationen, die keine Entsprechung in Ihren Gefühlen haben, sind schwach. Egal, wie der Satz lautet, er muss von Ihrem Gefühl her stimmig sein, Sie müssen ihn sich selbst glauben können.

BEISPIELE FÜR AFFIRMATIONEN

Ich achte meine Angst – und handle trotzdem.

Ich schaffe das.

Ich vertraue auf das, was ich weiß und kann.

Ich fühle mich dem gewachsen.

Tag für Tag wächst mein Mut mehr und mehr.

Ich finde gute Lösungen.

Mehr und mehr lasse ich meine Anspannung los.

Ich fühle mich glücklich und frei.

Lassen Sie sich von den Beispielen inspirieren oder finden Sie Ihren eigenen, ganz persönlichen Satz. Sprechen Sie die Sätze, die Sie in Betracht ziehen, laut aus und beobachten Sie, wie Sie sich jeweils dabei fühlen. Wählen Sie denjenigen Satz aus, den Sie innerlich am stärksten bejahen und bei dem Sie ein gutes Gefühl haben.

So machen Sie sich Ihre Affirmation zu eigen:

➔ *Affirmationen leben von der häufigen Wiederholung:* Schreiben Sie Ihren Satz auf einen kleinen Zettel und bringen Sie Ihn an einer Stelle an, auf die Ihr Blick während des Tages immer mal wieder fällt. Lesen Sie ihn dann und spüren Sie einen Moment lang dem Gefühl nach, das er auslöst.

➔ *Finden Sie weitere Möglichkeiten, wie Sie sich Ihren Satz oft vergegenwärtigen können.* Sie können ihn aufnehmen und sich morgens davon wecken lassen, einen Bildschirmschoner daraus machen, ihn immer wieder, wenn er Ihnen in den Sinn kommt, laut aussprechen ...

➔ *Üben Sie!* Bis Sie sich Ihren Satz ganz zu eigen gemacht haben, braucht es etliche Wochen. Je öfter Sie üben, desto eher wird dies der Fall sein. Sie haben Ihre Affirmation verinnerlicht, wenn sie in schwierigen Momenten automatisch auftaucht und Sie sich gestärkt und unterstützt fühlen.

8.

8. Kleine Bewährungsproben – gestufte Konfrontationen

Wenn wir vor der Angst flüchten und allen Situationen aus dem Weg gehen, die die gefürchteten Angstsymptome auslösen könnten, entwickeln wir eine Erwartungsangst, die „Angst vor der Angst". Das ist eine Sackgasse.

Sicher, wenn wir angstauslösende Situationen schon im Vorfeld vermeiden, müssen wir die Angstsymptome nicht aushalten. Doch wir sperren uns damit ein, nehmen uns selbst viel von unserer Denk- und Handlungsfreiheit. Und wir „schrumpfen" innerlich, erleben uns als hilflos und irgendwelchen Ereignissen ausgeliefert.

Vermeidung schafft zwar vorübergehend Erleichterung, löst aber das Problem nicht.

Wenn wir aus einer uns ängstigenden Situation fliehen, werden wir bei der nächsten Konfrontation damit noch größere Angst verspüren. Und die Wahrscheinlichkeit, dass sich die Angst auf neue Bereiche ausweitet, nimmt zu.

Besser ist es, der Angst ins Auge zu sehen, ihr standzuhalten und sie zu überwinden. Natürlich. Aber das sagen Sie sich wahrscheinlich auch jedes Mal, nachdem Sie wieder einer beängstigenden Situation ausgewichen sind. Es ist ja auch einfach, sich dies zu sagen, wenn man gerade keine Angst hat. Was also tun?

Der Anspruch, „sich nicht so anzustellen" und von jetzt auf gleich so handeln zu wollen, als sei die Angst nicht da, stellt sich bei vielen Ängsten als Überforderung heraus. Angst kann man sich nicht einfach ausreden und wir werden nicht von jetzt auf gleich zu einem völlig anderen Menschen.
Wenn es uns nicht gelingt, einfach so zu tun, als wäre nichts, interpretieren wir dies unweigerlich als Niederlage und als Bestätigung dessen, was wir ohnehin schon glaubten: dass wir es nicht schaffen.
Mehrere solcher gescheiterten Hauruck-Versuche hinterlassen ein Gefühl, als würden wir immer wieder mit dem Kopf gegen eine Wand rennen.

Besser ist der Mittelweg: Sie lassen sich nicht von der Angst in die Knie zwingen und Sie erwarten auch nicht schlagartig etwas Übermenschliches von sich.

Ängste zu überwinden fordert Ihnen etwas ab. Es gelingt, wenn Sie sich stufenweise an die Dinge heranwagen, die Ihnen Angst machen: Gestehen Sie sich Ihre Ängste zu. Stellen Sie sich ihnen Schritt für Schritt. Spüren Sie danach Erleichterung und werden Sie im Entscheiden und Handeln zunehmend freier und trauen sich wieder mehr zu.

DENKANSTOSS 1:
➡ *Bekennen Sie sich zu Ihrer Angst.* Werten Sie sie nicht als persönliche Schande („Ich bin ein Hasenfuß." Oder: „Ich bin feige."), sondern als Lernaufgabe („Ich bin jemand, der sich auf den Weg zu einem Ziel macht und Hindernisse zu überwinden hat."). Sie sind ein Lernender. Ein Schüler oder eine Schülerin in der großen Schule des Lebens. Die Aufgabe besteht darin, Ihre Ziele zu erreichen, ohne sich von der Angst aus der Bahn werfen zu lassen. Sie sind ein wertvoller Mensch – mitsamt Ihrer Angst. Konzentrieren Sie sich in erster Linie auf das, was Sie erreichen wollen – nicht auf das, was Sie aufhalten will.

DENKANSTOSS 2:
➡ *Sorgen Sie gut für sich, verschaffen Sie sich Erfolgserlebnisse.* Bei der Befreiung von Angst geht es immer wieder darum, (innere) Grenzen zu überschreiten und mit jeder gemeisterten Hürde Ihren Handlungsspielraum mehr und mehr zu erweitern. Wissen Sie, was Sie erreichen wollen, und haben Sie ein Ziel für sich formuliert? – Dann überlegen Sie, welche Übungsziele nützlich sind, um sich diesem Ziel anzunähern. Legen Sie Ihre Übungsziele so konkret wie möglich fest: einzelne Aufgaben, die klar definiert und deren Ergebnisse überprüfbar sind.
Beginnen Sie mit ganz leichten Übungen, wenn Sie sich anfangs wenig zutrauen. Es ist wichtig, dass Sie bei Ihren ersten Schritten Erfolgserlebnisse verzeichnen können, denn diese geben Ihnen Mut und Zuversicht, sich dann auch schwierigeren Übungszielen zuzuwenden.

DENKANSTOSS 3:
➡ *Suchen Sie sich Unterstützung.* Machen Sie eine Liste von allem, was Sie dabei unterstützen kann, Ihre Ziele zu erreichen und auf dem Weg dahin Ihre Angst in den Griff zu bekommen: Hilfe und Austausch mit anderen Menschen, Informationen, körperliche Unterstützung durch entsprechende Übungen, so wie Sie sie in diesem Buch gelesen haben, usw.
Sich Hilfe und Unterstützung zu suchen ist kein Zeichen von Schwäche, sondern von Stärke. Schwach ist es eher, aus falsch verstandenem Stolz heraus auf wertvolle Ressourcen verzichten zu wollen.

DENKANSTOSS 4:

➲ *Es geht voran, aber auch Durststrecken gehören dazu.* Vergegenwärtigen Sie sich immer wieder: Sie lernen gerade etwas, das Sie weiterbringen wird. Sie lernen, sich in kleinen Schritten immer schwierigeren Herausforderungen zu stellen, Schritt für Schritt. So bauen Sie allmählich Vertrauen zu sich selbst auf. Zum Weg gehört auch, dass es nicht immer nur aufwärts geht und dass Sie manchmal einen Rückschlag erleiden. Kein Grund, nun gleich die Flinte ins Korn zu werfen. Meist ist die Ursache einer Stagnation oder eines Scheiterns darin zu suchen, dass zu schnell zu viel erreicht werden soll. Viele Ängste haben sich während langer Jahre aufgebaut. Daher braucht es auch Zeit und Geduld, sich angstfreieres Verhalten wieder anzueignen. Zerlegen Sie den Schritt, an dem Sie scheuen wie ein Pferd vor dem Wassergraben, in einzelne kleinere Etappen, die Sie wieder gut bewältigen können.

DENKANSTOSS 5:

➲ *Wiederholen Sie. Wiederholen Sie. Wiederholen Sie.* Wiederholen Sie die einzelnen Übungen möglichst oft, um das neue Verhalten für sich selbst ganz selbstverständlich zu machen. Sich des „Yes, I can" immer wieder zu vergewissern stärkt Ihr Selbstvertrauen. Die wiederholte Erfahrung, dass die bisherigen Befürchtungen unbegründet sind, mindert vor allem auch Erwartungsängste.

DENKANSTOSS 6:

➲ *Seien Sie stolz auf sich.* Erkennen Sie Ihren Einsatz an, sprechen Sie sich Wertschätzung dafür aus, dass Sie sich aktiv für die Bewältigung Ihrer Ängste einsetzen, und belohnen Sie sich jedes Mal dafür, wenn Sie einen Schritt vorangekommen sind – auch wenn es manchmal nur ein kleiner Schritt zu sein scheint.

Wenn Sie sich nach und nach Ihren Ängsten stellen, fährt Ihr vegetatives Nervensystem seine bisher etwas hyperaktive Alarmbereitschaft immer mehr zurück und wird schließlich nur noch dann Alarm schlagen, wenn eine reale Gefahr droht. Sie fühlen sich sicherer – auch in ungewohnten Situationen. Je öfter Sie etwas bisher Beängstigendes tun, desto selbstverständlicher wird es für Sie werden – und der Angst-Alarm bleibt aus.

9.

9. Schritt für Schritt die Angst besiegen: Ihr persönliches Anti-Angst-Training

Über Angst zu lesen und die eine oder andere Einsicht zu gewinnen oder sich über Ihre Erfahrungen mit anderen Menschen auszutauschen ist gut, aber es genügt nicht. Um etwas zu verändern, gilt es, aktiv zu werden – neue Erkenntnisse praktisch und konkret im Alltag umzusetzen. Denn sonst wird das, was Ihnen jetzt einleuchtend und wegweisend erscheint, wieder verblassen und alles wird beim Alten bleiben.

Lassen Sie den Gedanken also Taten folgen und gehen Sie Ihre Angst an. Nachfolgend finden Sie einen Leitfaden, der Sie dabei unterstützen kann.

Ein Tipp vorneweg: Legen Sie ein Erfahrungs-Tagebuch an. Dokumentieren Sie darin Ihren Weg. Denn wir lernen am besten aus unseren Erfahrungen, wenn wir reflektieren, wie wir welche Ergebnisse erzielt haben. So werden uns die Ursachen unserer Erfolge und Misserfolge deutlicher bewusst und wir können überlegen, was wir das nächste Mal anders machen wollen.

LEITFADEN ZUM HANDELN TROTZ ANGST

➡ Formulieren Sie ein Ziel, das Sie erreichen möchten und bisher nicht in Angriff genommen haben, weil Ihre Angst Ihnen im Wege steht. Schreiben Sie auf, bis wann Sie das Ziel erreicht haben wollen; planen Sie dabei großzügig.

Mein Ziel:

erreiche ich bis:

2

➡ Machen Sie sich klar, dass es nicht um die Angst geht, sondern um Ihr Ziel. Die Angst ist lediglich ein Hindernis, das es zu überwinden gilt. Stellen Sie das Ziel ins Zentrum Ihrer Aufmerksamkeit.

3

➡ Stellen Sie sich vor, wie es sein wird, wenn Sie das Ziel erreicht haben, wie Sie sich fühlen werden. Wenn Sie ein klares Bild vor Augen haben, nicken Sie und sagen Sie: JA .

4

➡ Überlegen Sie sich anschließend, welche Schritte erforderlich sind, um dieses Ziel zu erreichen. Notieren Sie Ihre Schritte:

Einige werden Sie als (halbwegs) gut umsetzbar einschätzen, bei anderen stellen sich vielleicht die Nackenhaare auf. Achten Sie dabei auf Ihre Gefühle. Welche Schritte schüchtern Sie ein? Bei welchen Etappen keimt bei der Vorstellung Angst auf? Kringeln Sie diese ein oder heben Sie sie auf andere Weise hervor.

➡ Schauen Sie sich die eingekringelten Etappen an: Welche kleinen Schritte und Übungen können Sie vorziehen, um es wahrscheinlicher zu machen, die kritische Etappe zu meistern? Wie und was können Sie trainieren, um an diesem Punkt sicherer zu werden? Fügen Sie auch diese Übungen Ihrem Plan hinzu.

6

➡ Vergegenwärtigen Sie sich diejenigen Tipps aus den „64 Seiten gegen Angst", die Ihnen besonders gut helfen, bei Angst-Alarm schnell Ihre innere Balance wiederzufinden. Überlegen Sie, in welchen Situationen Sie sie zukünftig einsetzen möchten. Machen Sie sich entsprechende Notizen in Ihrem Plan: „Wenn … passiert, dann werde ich …"

⮞ Wenn die Übersicht über Ihren Weg zum Ziel steht, dann legen Sie für den Einstieg drei Schritte fest, die relativ einfach, aber von Belang für Ihr Ziel sind – und legen Sie los!

Schritt 1:

Schritt 2:

Schritt 3:

⮞ Experimentieren Sie auch zukünftig mit dem, was Sie gelernt haben. Machen Sie im Alltag öfter mal spontane kleine „Ich trau mich"-Übungen, das trainiert Mut, Selbstvertrauen und Zuversicht.

Nicht immer bringt uns das, was wir unternehmen, tatsächlich weiter, manchmal drehen wir nur eine weitere Schleife oder bewegen uns nicht wirklich von der Stelle. Solche Erfahrungen gehören dazu. Wir lernen vor allem durch Versuch und Irrtum – und ab und zu ist eben auch ein Irrtum dabei.

Lassen Sie sich nicht beirren.

Sie haben ein Ziel und kennen Ihre Richtung. Sie können immer wieder auf Ihren Weg einbiegen.

Möchten Sie
mehr ausprobieren?

Ziehen Sie ein Coaching in Betracht. Mit der Hilfe eines Coaches fällt es leichter, Ihre Ziele zu erreichen und dabei auftauchenden Ängsten wirksam zu begegnen.
Der große Vorteil dabei: Der Coach steuert Ideen bei, die Ihnen selbst vielleicht nicht eingefallen wären, und er kann durch den Blick von außen direkter einschätzen, wo Sie gerade stehen und welche Schritte bei der Überwindung der Angst nun die passenden sind.

Wenn Ihre Ängste Sie dabei behindern, Ihren ganz normalen Alltag zu meistern, kann eine Psychotherapie hilfreich sein. Insbesondere die kognitive Verhaltenstherapie ist zur Behandlung von Angst gut geeignet, denn sie kombiniert die Einsicht in Zusammenhänge mit handfesten praktischen Aufgabenstellungen.

Im Coaching und in der Therapie lernen Sie das Zusammenspiel zwischen Angstgedanken und Angstgefühlen noch besser kennen und trainieren mit fachlicher Unterstützung Methoden, wie Sie sich besser entspannen können und wie Sie Probleme und Konflikte mittels gezielter Strategien bewältigen.

Buchhinweise

Hüther, Gerald: Biologie der Angst. Wie aus Stress Gefühle werden. Göttingen 2012 (11. Auflage)

Jeffers, Susan: Selbstvertrauen gewinnen. Die Angst vor der Angst verlieren. München 2011 (14. Auflage)

Metzig, Werner/Schuster, Martin: Prüfungsangst und Lampenfieber. Bewertungssituationen vorbereiten und meistern. Heidelberg 2009 (4. Auflage)

Wolf, Doris: Ängste verstehen und überwinden. Mannheim 2011